AF467022

CATALOGUE GÉNÉRAL

DES

VUES STÉRÉOSCOPIQUES

SUR VERRE

DE **L. ET F., ET Cie**

PHOTOGRAPHES

PARIS

...IE CENTRALE DES CHEMINS DE FER

A. CHAIX ET Cie

...E, 20, PRÈS DU BOULEVARD MONTMARTRE

1872

NOUVEAU CATALOGUE

DES

VUES STÉRÉOSCOPIQUES

SUR VERRE

DE

J. LACHENAL, L. FAVRE ET Cie

PHOTOGRAPHES

72, Boulevard de Sébastopol

PARIS

VUES STÉRÉOSCOPIQUES SUR VERRE.

FRANCE.

PARIS.

894. Portail de Notre-Dame, Paris.
895. Porte-Rouge, Notre-Dame, Paris.
896. Intérieur de Notre-Dame, n° 1, Paris.
897. Intérieur de Notre-Dame, n° 2, Paris.
898. Intérieur de Notre-Dame, n° 3, Paris.
899. Façade de Saint-Etienne-du-Mont, Paris.
900. Intérieur de Saint-Etienne-du-Mont, Paris.
901. Tombeau de Sainte-Geneviève, Saint-Etienne-du-Mont, Paris.
902. Fragment du Jubé, Saint-Étienne-du-Mont, Paris.
903. Intérieur de Saint-Séverin, n° 1, Paris.
904. Intérieur de Saint-Séverin, n° 2, Paris.
905. Intérieur de Saint-Germain-des-Prés, Paris.
906. Intérieur de la Madeleine, Paris.
907. Intérieur de Saint-Augustin, Paris.
908. Intérieur du Panthéon, n° 1, Paris.
909. Intérieur du Panthéon, n° 2, Paris.
910. Intérieur de Saint-Paul, Saint-Louis, Paris.
911. Chapelle de N.-D.-des-Victoires, Paris.

912. Sainte-Chapelle du Château de Vincennes, Paris.
913. Donjon du Château de Vincennes, Paris.

Statues

914. Eve, par A. Carrier.
915. Armide, par A. Carrier.
916. Hercule et Omphale, par A. Carrier.
917. Sacrifice à Bacchus, par A. Carrier.
918. La Source, par A. Carrier.
919. Faune et Nymphe, par A. Carrier
920. La Nuit, par A. Carrier.
921. Danseurs Italiens, par A. Carrier.
922. L'Amour, par A. Carrier.
923. Flora, par A. Carrier.
924. Vierge au Messie (face) par A. Carrier.
925. Vierge au Messie (côté), par A. Carrier.

LYON.

2350. Panorama de Lyon, nº 1.
2351. Panorama de Lyon, nº 2.
2352. Panorama de Lyon, nº 3.
2353. Eglise Saint-Jean, Lyon.
2354. Intérieur de N.-D.-de-Fourvière, Lyon.
2355. Palais de Justice, à Lyon.
2356. Pont Tilsitt et Abside de Saint-Jean, Lyon.
2357. Pont et Église Saint-Georges, Lyon.
2358. Pont de la Guillotière et l'Hôtel-Dieu, Lyon.
2359. Vue au Parc de la Tête-d'Or, Lyon.

MONT CENIS, SAVOIE.

2360. Saint-Michel de Maurienne, Savoie.
2361. Les Fourneaux et le Tunnel du Mont Cenis, Savoie.
2362. Vallée de l'Arc et le Fort de Bramant, Savoie.
2363. Fort de Bramant, Mont Cenis, Savoie.
2364. Termignon, Mont Cenis, Savoie.
2365. Lanslebourg, Mont Cenis, Savoie.
2366. Lanslebourg pris de la route de la Ramasse, Savoie.

ITALIE.

TURIN.

2367. Gare de Porta Nuova, Turin.
2368. Place Saint-Charles, Turin.
2369. Statue de Philibert Emmanuel, Turin.
2370. Palais Madame (côté sud), Turin.
2371. Place du Castello, Turin.
2372. Palais Madame (côté Nord), Turin.
2373. Vue prise du Palais-Royal, Turin.
2374. Chambre des Députés, Turin.
2375. Statue de Charles-Albert, Turin.
2376. Place Victor-Emmanuel, Turin.
2377. Pont du Pô et l'Église Madre di Dio, Turin.
2378. Église de la Madre di Dio, Turin.
2379. Place Victor-Emmanuel, instantanée, Turin.
2380. Comte Verde, groupe, Turin.
2381. Cathédrale de Turin.
2382. Statue de Pietro Micca, Turin.
2383. Palais Valentino, Turin.
2384. Le Monte, pris du Jardin public, Turin.
2385. Les Rives du Pô, à Turin.
2386. Turin, pris de l'Observatoire.
2387. Turin, pris du Palais de la Reine.
2388. Turin, pris du Monte, nº 1.
2389. Turin, pris du Monte, nº 2.
2390. Turin, pris du Monte, nº 3.

2391. Turin, pris au-dessus du Monte.
2392. Façade de la Superga, Turin.
2393. La Superga vue de côté, Turin.

Palais-Royal.

2394. Escalier du Palais-Royal, nº 1, Turin.
2395. Escalier du Palais-Royal, nº 2, Turin.
2396. Salle de Réception, Palais-Royal, Turin.
2397. Salle du Trône, Palais-Royal, Turin.
2398. Chambre à coucher, Palais-Royal, Turin.
2399. Jardin du Palais-Royal, Turin.
2400. Entrée de l'Armeria Royal, Turin.
2401. Grande Salle, nº 1, Armeria Royal, Turin.
2402. Grande Salle, nº 2, Armeria Royal, Turin.
2403. Armure de Philibert-Emmanuel, Armeria Royal, Turin.
2404. Vue générale de l'Armeria Royal, Turin.

GÈNES.

2405. Gènes pris du Palais Doria.
2406. Gènes pris du Castelletto.
2407. Gènes, Porte de la Lanterne.
2408. Gènes pris de l'Acqua Sola, nº 1.
2409. Gènes pris de l'Acqua Sola, nº 2.
2410. Gènes pris de N.-D.-de-Carignan.
2411. Gènes pris au-dessus de la station.
2411 bis. Gènes, vu de la Cava.

2412. C. Colomb et gare de Gènes.
2413. Statue de C. Colomb, Gènes.
2414. Lanterne du Palais Doria, Gènes.
2415. Vue instantanée du port de Gènes.
2416. Vue instantanée du port de Gènes.
2417. Marine, port de Gènes.

FLORENCE.

2418. Florence pris de San Miniato.
2419 Florence pris de San Nicolo.
2420. Florence pris de Bello Squardo.
2421. Eglise de San Miniato, Florence.
2422. La Logia à Florence.
2423. Intérieur de la Logia, Florence.
2424. Place de la Signoria, Florence.
2425. Campanille de Florence.
2426. Porte San Gallo, Florence.
2427. Monument Demidoff, Florence.

Musée des Offices.

2428. Galerie des Offices, n° 1, Florence.
2429. Galerie des Offices, n° 2, Florence.
2430. Vénus de Médicis, Florence.
2430 bis. La Tribune, Galerie des Offices, Florence.
2431. Bas-relief par Luca della Robbia, Florence.
2432. Bas-relief par Luca della Robbia, Florence.
2433. Bas-relief par Benedetto Florence.

2434. Bacchus et Ampelo, galerie des Offices.
2435. Niobé, Galerie des Offices, Florence.
2436. Vénus de Canova, Palais Pitti, Florence.
2437. Façade du Palais Pitti, à Florence.
2438. Palais Pitti, côté du jardin, Florence.
2439. Vue dans le jardin Boboli, Florence.
2440. Vue dans le jardin Boboli, Florence.
2441. Jardin Boboli, n° 1, Florence.
2442. Jardin Boboli, n° 2, Florence.
2443. Jardin Boboli, n° 3, Florence.
2444. Neptune, jardin Boboli, Florence.

Bargello.

2445. Palais du Podestat, la cour, Florence.
2446. Palais du Podestat, l'escalier Florence.
2447. Salle d'armes, Palais du Podestat, Florence.
2448. Salle d'armes, Palais du Podestat, Florence.
2449. Salle des Bronzes, Palais du Podestat, Florence.
2450. Salle des Faïences, Palais du Podestat, Florence.
2451. La Vertu terrassant le Vice, Palais du Podestat, Florence.
2452. Vierge, par Lucca della Robbia, Palais du Podestat, Florence.

SIENNE.

2453. Portail de la Cathédrale de Sienne.
2454. Façade de la Cathédrale de Sienne.

2455. Intérieur de la Cathédrale de Sienne nº 1.
2456. Intérieur de la Cathédrale de Sienne nº 2.
2457. Chaire de la Cathédrale de Sienne.
2458. Sienne, côté Nord.
2459. Sienne, côté du Campanille.
2460. Le Municipe à Sienne.

VENISE.

2461. Pont du Rialto, Venise.
2462. Pont des Soupirs, Venise.
2463. Pont Canonicat, Venise.
2464. Palais Ducal, Venise.
2465. Loggia par Sansovino, Venise.
2466. Colonnes de la Piazzetta, Venise.
2467. Fragment du Palais Ducal, Venise.
2468. Escalier des Géants, Palais Ducal, Venise.
2469. Puits du Palais Ducal, Venise.
2470. Riva dei Schiavoni, Venise.
2471. Entrée de l'Arsenal, Venise.
2472. Hospice Saint-Marc, Venise.
2473. Entrée du Grand canal, Venise.
2474. Panorama de Venise.
2475. Panorama de Venise.
2476. Palais Ducal, Venise (instantanée).
2477. La Salute Venise, (instantanée).
2478. La Salute Venise, (instantanée).

PADOUE.

2479. Église Saint-Antoine Padoue.

2480. Statue de Guattamelata, Padoue.
2481. Place Prato della Valle, Padoue.
2482. Pont des Quatre Papes et Sainte Justine, Padoue.

FERRARE.

2483. Palais des Ducs, Ferrare.
2484. Place Aristotéa, Ferrare.
2485. Cathédrale de Ferrare.
2486. Campo Santo de Ferrare.
2487. Monument au Campo Santo de Ferrare.
2488. Grande salle au Campo Santo de Ferrare.

BOLOGNE.

2489. Panorama de Bologne.
2490. Panorama de Bologne.
2491. Place Saint-Dominique, Bologne.
2492. Tombeaux, Place Saint-Dominique, Bologne.
2493. Cloître de Saint-Stefano, Bologne.
2494. Cloître de Saint-Stefano, Bologne.
2495. Cloître de la Chartreuse, Bologne.
2496. Statue de Murat, Campo Santo de Bologne.
2497. Monument au Campo Santo de Bologne.
2498. Monument au Campo Santo de Bologne.
2499. Tombeau du XIIIe Siècle, Campo Santo de Bologne.
2500. Grande salle, Campo Santo de Bologne.

RAVENNE.

2501. Eglise Saint-Appolinaire, Ravenne.

2502. Intérieur de l'Eglise Saint-Vitale, Ravenne.
2503. Intérieur de l'Eglise Saint-Vitale, Ravenne.
2504. Tombeau de Théodoric, Ravenne.

ANCONE.

2505. Ancône vue du Mont Ciriaco.
2506. Le Môle à Ancône.
2507. Ancône vue de la Cathédrale.
2508. Arc de Trajan et la Cathédrale, Ancône.
2509. Vue prise du Môle, Ancône.
2510. Arc de Trajan, Ancône.
2511. Portail de la Cathédrale, Ancône.

LORETTO.

2512. Panorama de Loretto.
2513. Eglise de Notre-Dame à Loretto.
2514. Façade de Notre-Dame à Loretto.
2515. Porte de Bronze de Notre-Dame à Loretto.
2516. Porte de Bronze de Notre-Dame à Loretto.

BRINDISI.

2517. Port de Brindisi.
2518. Brindisi, vu du chantier.
2519. Navire de la Cie des Indes, et le Port, Brindisi.
2520. Ruines Romaines de Brindisi.

AUTRICHE.

VIENNE,

2550. Vienne pris de l'Arsenal.
2551. Entrée du Musée de l'Arsenal.
2552. Vue générale de l'Arsenal.
2553. Vue générale du Belvédère.
2554. Le Belvédère, côté du jardin.
2555. Vestibule du Belvédère.
2556. Vue prise du palais Schwartzemberg.
2557. Jardin du Palais Schwartzemberg.
2558. Église Saint-Charles.
2559. Pont d'Élisabeth et Saint-Charles.
2560. Pont d'Élisabeth, vue panoramique.
2561. Vienne pris de Saint-Charles, Est.
2562. Vienne pris de Saint-Charles, Sud.
2563. Vienne pris de Saint-Charles, Ouest.
2564. Place et Palais de Schwartzemberg.
2565. Place de Schwartzemberg.
2566. Statue de Schwartzemberg.
2567. Pont Schwartzemberg.
2568. Vue instantanée, Wieden à Vienne.
2569. Kartner Ring, Vienne.
2570. Opern Ring, Vienne.

2571. Le Nouvel Opéra, façade.
2572. Péristyle du Nouvel Opéra.
2573. Logia du Nouvel Opéra.
2574. Foyer de S. M. Nouvel Opéra.
2575. Bastion des Augustins.
2576. Statue de Joseph II, à Vienne.
2577. Burgthoor, à Vienne.
2578. Statue du prince Charles.
2579. Vienne pris des Augustins.
2580. Vienne pris des Augustins.
2581. Église votive, à Vienne.
2582. Église votive, à Vienne.
2583. Vue prise de l'Église votive.
2584. Vue prise de l'Église votive.
2585. Vienne pris de Saint-Étienne, Ouest.
2586. Vienne pris de Saint-Étienne, Est.
2587. Vienne pris de Saint-Étienne, Nord.
2588. Intérieur de la Cathédrale de Saint-Étienne,
2589. Intérieur de l'Église Maria Stigen.
2590. Porte François-Joseph, Vienne.
2591. Parc de la Ville, Vienne.
2592. Vue dans le Parc de la Ville, Vienne.
2593. Gare du Nord à Vienne.
2594. Entrée du Château de Laxemburg, Autriche.

LINTZ.

2595. Le Danube à Lintz, Autriche.
2596. Panorama de Lintz, Autriche.

SEMMERING.

2597. Vue de Payerbach, Semmering.
2598. Viaduc de Payerbach, Semmering.
2599. Le Casino de Reicheinau.
2600. Reicheinau et Château du prince Albert.
2601. Château de Klam, Semmering.
2602. Schottvien, route du Semmering.
2603. Panorama d'Adlitz Graben.
2604. Gorge de l'Adlitz Graben.
2605. Vallée de Schottvien.
2606. Station du Semmering.
2607. Monument au sommet du Semmering.

STYRIE.

2608. Mürzzuschlag, Styrie.
2609. Vue à Gratz, Styrie.
2610. La Muhr et Schlossberg Gratz, Styrie.
2611. Vallée de la Muhr à Gratz; Styrie.
2612. Vallée de la Muhr à Gratz, Styrie.
2613. Gratz, côté de l'Ouest, Styrie.
2614. Gratz, côté du Nord, Styrie.
2615. Gratz, côté du Sud, Styrie.
2616. Gratz, pris du Rosenberg, Styrie.
2617. Laibach pris de Tivoli.
2618. Le Schlossberg à Laibach.
2619. Vue à Laibach.
2620. Panorama de Cilly.
2621. Le Schlossberg à Cilly.
2622. Vue à Marburg.

TRIESTE.

2623. La Bourse à Trieste.
2624. Canal à Trieste.
2625. Trieste, côté Est.
2626. Trieste, côté Sud.
2627. Port de Trieste.
2628. Arsenal du Loyd, Trieste.
2629. Perspective des ateliers du Loyd, Trieste.

HONGRIE.

2630. Vue à Presbourg, Hongrie.
2631. Le Danube et la Forteresse à Presbourg, Hongrie.
2632. Vue à Gran, Hongrie.
2633. La Cathédrale, vue du Calvaire, à Gran, Hongrie.
2634. Panorama de Gran, Hongrie.

PESTH.

2635. Le Kœnigsberg et le Château à Pesth, Hongrie.
2636. Le Danube et l'île Margareth, à Pesth, Hongrie.
2637. Pont de Pesth instantané, n° 1, Hongrie.
2638. Pont de Pesth instantané, n° 2, Hongrie.
2639. Panorama du Pont de Pesth, Hongrie.
2640. Ober Offen, Pesth, Hongrie.
2641. Panorama de Pesth, pris du Château, Hongrie.
2642. Pesth et le Danube, Hongrie.
2643. Vue prise du Blocsberg, Hongrie.
2644. Offen, vu du Blocsberg, Hongrie.
2645. Buda, vu du Blocsberg, Hongrie.

INSBRUCK, TYROL.

2646. Le Viaduc et l'Inn, à Insbruck, Tyrol.
2647. Insbruck vue à l'Ouest, Tyrol.
2648. Insbruck vue au Sud, Tyrol.
2649. Insbruck vue à l'Est, Tyrol.
2650. Vallée de l'Inn, de la route du Brenner, Tyrol.

BRIXEN.

2651. Panorama de Brixen, Tyrol.
2652. Brixen vu au Sud, Tyrol.
2653. Cathédrale de Brixen, Tyrol.

BOTZEN.

2654. Botzen, côté Nord, Tyrol.
2655. Panorama de Botzen, Tyrol.
2656. Botzen vu du Calvaire, Tyrol.

TRENTE.

2657. Panorama de Trente, nº 1, Tyrol.
2658. Panorama de Trente, nº 2, Tyrol.
2659. Trente vu des Capucins, Tyrol.
2660. Vieille muraille à Trente, Tyrol.
2661. Grande place à Trente, Tyrol.

ROVEREDO.

2662. Roveredo, vue générale, Tyrol.
2663. Roveredo, vue prise au-dessus du Fort, Tyrol.

AFRIQUE.

2664. Mosquée et Rempart d'Alger.
2665. Vue prise du Jardin de Marengo, Alger.
2666. Vue à Alger.
2667. Entrée de la Casbah, Alger.
2668. Le Phare, à Alger.
2669. Cour de la Grande Mosquée, Alger.
2670. Rue Porte-Neuve, Alger.
2671. Pêcheur algérien, Alger.
2672. Kouba à Bou-Zaréa.
2673. Kouba à Bou-Zaréa.
2674. Fort de Sidi-Ferruch.
2675. Ruines romaines à Tipeza.
2676. Porte et Minaret à Médéah.
2677. Gorge de la Chiffa.
2678. Le Marché à Blidah.
2679. Gourbi à Blidah.
2680. Pont de Constantine
2681. Cascade et rocher, Constantine.
2682. Village Kabyle et Porte de la Breche, Constantine.
2683. Ruines d'Aqueduc, près Constantine.
2684. Tombeau des rois Numides, à Bathna.
2685. Le Prétorium, à Lambessa.
2686. Arcade Septime Sévère, à Lambessa.
2687. Temple d'Esculape, Lambessa.
2688. Pont d'El-Kantara, entrée du Désert.
2689. Vue à El-Kantara, entrée du Désert.

2690. Gorge à El-Kantara, entrée du Désert.
2691. Oasis de Biskra, Sahara.
2692. Halte dans l'Oasis de Biskra, Sahara.
2693. Gourbis Nègre à Biskra Sahara.,
2694. Gourbis àB iskra, Sahara.
2695. Le Vieux Biskra, Sahara.
2696. Ruines de Zaatcha.
2697. Temple de Minerve, Tebessa.
2698. Temple de Minerve, Tebessa.
2699. Arc de Carracala, Tebessa.
2700. Oran, pris du Fort.
2701. Oran, vue du Cimetière.
2702. Vue à Oran.
2703. Une rue à Oran.
2704. Oran, pris de la route de Mers-el-Kébir.
2705. Oran, le Château-Neuf.
2706. Porte d'Aghadir, à Tlemcen.
2707. Porte et Minaret d'Aghadir, à Tlemcen.
2708. Maison d'Abd-el-Kader, Mascara.
2709. Maison d'Abd-el-Kader, Mascara.
2710. Mazagran, près Mostaganem.
2711. Panorama de Tunis.
2712. Canon du Salut, à Tunis.
2713. Vue à Tunis.

PHOTOMICROGRAPHIES

POUR LA PROJECTION

PHOTOGRAPHIÉES PAR J. GIRARD

1. Sang humain et sang de salamandre.
2. Coupe transversale d'une dent molaire.
3. Coupe transversale d'un fanon de baleine.
4. Tissu épidermique de la vessie de grenouille.
5. Injection du poumon de crapaud.
6. Puceron du poirier (Tingris Piri).
7. Larve du pucеron du poirier.
8. Aile du puceron du poirier.
9. Thrips des fleurs.
10. Larve d'Hemiptère.
11. Trompe d'abeille.
12. Patte d'abeille.
14. Patte de mouche commune.
15. Aile de la mouche commune (fragment).
16. Partie de l'aile de la mouche commune détaillée.
17. Intestins de la mouche commune.
18. Tête et bouche de la mouche commune.
20. Aile entière de la mouche commune.
21. Antennes de la mouche commune.
23. Punaise commune.
24. Puce (Pulex irritans).
25. Pou de tête (Pédiculus capitis).
26. Parasite du mouton (Malophagus ovinus).

28. Pou de cheval (Tricodecte).
29. Parasite de la chauve-souris (Nicterinia bi-articulata).
30. Parasite de la chauve-souris.
31. Parasite du serpent (Iodex Gervaisii).
32. Parasite (Tricocéphalus crenatus).
33. Anguillules de la colle de pâte.
34. Chelifer cancroïdes.
35. Epiderme de la larve de la tipule.
37. Trachée de ver à soie.
38. Aile de papillon (Zygena Alexis).
39. Fragment de la langue du limaçon terrestre.
40. Coquillage (Cyclostoma patulum).
41. Ecaille de sole.
42. Coupe transversale du piquant d'un oursin de mer (Œchinus).
43. Coupe transversale du piquant d'un oursin de mer (plus grossi).
44. Polypier.
45. Sujets d'entomologie groupés en mosaïque.
46. Sujets d'entomologie groupés en mosaïque.
47. Cristallisation de l'acide gallique.
48. Cristaux d'asparagine.
49. Cristaux de cyanure de magnesium.
50. Cristaux de salicine.
51. Fragment de valve de Diatomée (Coscinodiscus).
52. Coscinodiscus Centralis (autre épreuve avec éclairage centrique).
54. Exemple de trois grossissements gradués d'un Triceratium.

55. Melosira arenaria.
56. Amphitetras vu à trois grossissements différents.
57. Test diatomique groupé par Mœller.
58. Diatomées groupées symétriquement.
60. Diatomées groupées.
62. Isthmia Nervosa.
63. Navicula lyra.
64. Arachnoïdiscus Japonicus.
65. Fragment de Valve de Pleurosigna-Angulatum.
67. Terre fossile de Bissex Hill (Barbades).
69. Polycestines groupées en roses.
71. Diatomées de Moron, Espagne.
72. Diatomées de l'Elbe (Cuxhaven).
73. Diatomées de l'Elbe (Cuxhaven).
74. Arachnoïdiscus divers.
75. Licmophora splendida.
76. Coupe d'un grain de café grillé.
77. Fécule (Arrow root).
78. Coupe transversale du poivrier noir.
79. Coupe du poivrier noir.
80. Coupe de l'arbre à cire (Myrica cerifera).
81. Coupe de l'arbre à cire (Myrica cerifera).
82. Tissu cellulaire de la noix de coco.
83. Coupe transversale de chêne.
84. Coupe de Sambucus nigra (Sureau commun).
85. Orme (coupe d'Ulmus campestris suberosa).
86. Coupe de Viburnum lantana.
87. Deux coupes Lundia cordata et platanus occidentalis.
88. Coupe transversale de sapin.

89. Coupe transversale d'une tige de maïs.
90. Différentes coupes d'un fétu de paille.
91. Coupe de Cordyline congesta.
92. Coupe de Gorée Malée (Bois des Indes).
93. Coupe transversale de Plectocomia elongata.
94. Epiderme à poils de Deutzia gracilis.
95. Poil de l'épiderme de l'Arabia.
96. Epiderme de prêle.
97. Epiderme inférieur d'une feuille de buis.
98. Nervure de la feuille de buis.
100. Coupe d'Agate.
101. Coupe transversale du Begonia Capriolata.
102. Algue marine.
103. Coupe de Prêle.
104. Coupe de Canne de l'Inde.
105. Estomac de Grillon.
106. Spicule d'Eponge.
107. Ciro du Fromage.
108. Pou de cheval.
109. Nymphe du Puceron du Poirier.
110. Nectyribia Articulé.
111. Acarus du Xilope.
112. Sepa Sérenéa.
113. Antennes de Hanneton.
114. Nymphe d'Hemiptère.
115. Aile de Ptellium Tavéolatum.
116. Epithelium du Cancer du Larynx.
117. Globule du sang humain.
118. Cristaux de sulfate de Tellurium.
119. Diatomée Surirella.

121. Diatomées groupées.
123. Diatomées Surirellas.
124. Terre fossile de Moron.
127. Acarus de la gale du cheval.

HISTOLOGIE.

OU STRUCTURE MICROSCOPIQUE DES TISSUS.

Cette collection exécutée avec le plus grand soin sous la direction de Mr le Docteur Gustave le Bon, formera un Atlas complet d'Histologie normale et pathologique. Nous ne publions aujourd'hui que le catalogue des pièces que nous avons actuellement.

131. Structure microscopique des os.
132. Structure microscopique des os.
133. Structure microscopique des os.
134. Coupe d'un fanon de baleine.
135. Structure microscopique d'une dent humaine (coupe verticale).
136. Aspect microscopique d'une dent cariée.
137. Structure microscopique d'une langue de chat (coupe verticale, injection).
138. Structure microscopique d'une langue de chat. (coupe verticale injection) plus fort grossissement.
139. Structure microscopique de l'œsophage du canard (coupe horizontale).
140. Structure microscopique de l'intestin grêle du chat (coupe horizontale, injection).
141. Structure microscopique du cardia du chat (coupe horizontale, injection).
142. Structure microscopique du rein (coupe verticale montrant les tubes urinifères et les glomérules de Malpighi injectés).

143. Structure microscopique de la moelle épinière (section transversale).
144. Structure microscopique de la moelle épinière (injection).
145. Trichines dévorant un muscle.
146. Trichines enkystées dans un muscle.
147. Cristaux d'acide urique.
148. Rétine injectée.
149. Structure microscopique de la peau du pied (coupe verticale, injection).
150. Structure microscopique de la muqueuse vésicale (coupe verticale, injection).
151. Structure microscopique d'un muscle (section transversale).
152. Structure microscopique des fibres musculaires.
153. Muqueuse de l'intestin grêle (injection).
154. Follicule du gros intestin (section transversale.)
155. Structure microscopique du corps thyroïde.
156. Utérus coupe transversale (injection).

PRIX COURANT

DES STÉRÉOSCOPES DITS AMÉRICAINS

DEPUIS 12 JUSQU'A 250 VUES

STÉRÉOSCOPES EN ACAJOU, SANS ENCADREMENT DE LA PORTE, SIMPLE SOCLE ET COINS VIFS.

N° 1 pour 12 vues	. . . .	22 fr.
» 2 pour 25 vues	. . . .	30 »
» 3 pour 50 vues	. . . .	36 »
» 4 pour 100 vues	. . . .	70 »
» 5 pour 200 vues	. . . .	80 »

ACAJOU AVEC ENCADREMENT, COINS VIFS.

N° 6 pour 25 vues	. . . .	36 fr.
» 7 pour 50 vues	. . . .	42 »
» 8 pour 100 vues	. . . .	72 »
» 9 pour 200 vues	. . . .	84 »

ACAJOU, COINS RONDS, CHÊNE CIRÉ OU VIEUX CHÊNE.

N° 10 pour 25 vues	. . . .	42 fr.
» 11 pour 50 vues	. . . .	48 »
» 12 pour 50 vues double socle	. . .	51 »
» 13 pour 100 vues	. . . .	78 »
» 14 pour 200 vues	. . . .	90 »

ACAJOU A PANNEAUX OU A PANS COUPÉS.

N° 15 pour 25 vues	. . . .	60 fr.
» 16 pour 50 vues	. . . .	66 »
» 17 pour 100 vues	. . . .	108 »
» 18 pour 200 vues	. . . .	125 »

STÉRÉOSCOPES EN PALISSANDRE, AVEC ENCADREMENT DE LA PORTE, COINS VIFS.

N° 19 pour 12 vues	. . . .	25 fr.
» 20 pour 25 vues	. . . .	44 »
» 21 pour 50 vues	. . . .	50 »
» 22 pour 100 vues	. . . .	80 »
» 23 pour 200 vues	. . . .	92 »

PALISSANDRE, COINS RONDS.

N° 24 pour 25 vues	. . . .	48 fr.
» 25 pour 50 vues	. . . .	54 »
» 26 pour 50 vues double socle	. . .	57 »
» 27 pour 100 vues	. . . .	98 »
» 28 pour 200 vues	. . . .	115 »

PALISSANDRE A PANNEAUX OU A PANS COUPÉS.

N° 29 pour 25 vues	. . . .	66 fr.
» 30 pour 50 vues	. . . .	72 »
» 31 pour 100 vues	. . . .	115 »
» 32 pour 200 vues	. . . .	130 »

STÉRÉOSCOPES EN RACINE DE NOYER, DIT NOYER D'ORIENT.

N° 33 pour 25 vues	. . . .	70 fr.
» 34 pour 50 vues	. . . .	76 »
» 35 pour 100 vues	. . . .	124 »
» 36 pour 200 vues	. . . .	136 »

IMP. A. CHAIX ET Cᵉ, RUE BERGÈRE 20, A PARIS. — 19392-2.

VUES PHOTOGRAPHIQUES

ET

PHOTOMICROGRAPHIQUES

POUR PROJECTION

(LANTERNE MAGIQUE)

STÉRÉOSCOPES EN TOUS GENRES

Jusqu'à 250 Vues.

www.ingramcontent.com/pod-product-compliance
Ingram Content Group UK Ltd.
Pitfield, Milton Keynes, MK11 3LW, UK
UKHW020431220726
13923UKWH00005B/2159

9 782014 466546